BEI GRIN MACHT SICH IHR
WISSEN BEZAHLT

- Wir veröffentlichen Ihre Hausarbeit,
  Bachelor- und Masterarbeit

- Ihr eigenes eBook und Buch -
  weltweit in allen wichtigen Shops

- Verdienen Sie an jedem Verkauf

Jetzt bei www.GRIN.com hochladen
und kostenlos publizieren

Bibliografische Information der Deutschen Nationalbibliothek:

Die Deutsche Bibliothek verzeichnet diese Publikation in der Deutschen National-
bibliografie; detaillierte bibliografische Daten sind im Internet über http://dnb.d-
nb.de/ abrufbar.

Impressum:

Copyright © 2015 GRIN Verlag, Open Publishing GmbH
Druck und Bindung: Books on Demand GmbH, Norderstedt Germany
ISBN: 978-3-668-15649-4

Dieses Buch bei GRIN:

http://www.grin.com/de/e-book/316524/suchmaschinen-im-internet-entwicklung-
und-bedeutung-von-google

Suher Ghoniem

Suchmaschinen im Internet. Entwicklung und Bedeutung von Google

GRIN Verlag

GRIN - Your knowledge has value

Der GRIN Verlag publiziert seit 1998 wissenschaftliche Arbeiten von Studenten, Hochschullehrern und anderen Akademikern als eBook und gedrucktes Buch. Die Verlagswebsite www.grin.com ist die ideale Plattform zur Veröffentlichung von Hausarbeiten, Abschlussarbeiten, wissenschaftlichen Aufsätzen, Dissertationen und Fachbüchern.

Besuchen Sie uns im Internet:

http://www.grin.com/

http://www.facebook.com/grincom

http://www.twitter.com/grin_com

Entwicklung und Bedeutung von Google

Inhaltsverzeichnis

I

ABBILDUNGSVERZEICHNIS

ABKÜRZUNGSVERZEICHNIS

CEO	Chief Executive Officer
FTP	File Transfer Protocol
GFS	Google File System
IR	Information Retrieval
IT	Informationstechnologie
UPS	Uninterruptible Power Supply
USA	Vereinigte Staaten von Amerika
WWW	World Wide Web

1 EINLEITUNG

Mit der rasanten Entwicklung des Internets, des Web 2.0 sowie dem Einzug von Face-book, YouTube, Twitter etc. ist das Internet kein reines Speichermedium mehr, son-dern wächst immer weiter. Um sich in der komplexen und großen Vielfalt zu Recht zu finden, werden Suchmaschinen genutzt, mit denen das Internet durchsucht und Er-gebnisse selektiert werden können. Diese Technologie ist seit Beginn des Internets sehr beliebt und gehört zu den meistgenutzten Anwendungen. Ohne die einfache Voll-textsuche ist der Zugang zu den Informationen im Internet heute kaum noch möglich.

Das Unternehmens Google Inc. hat in nur wenigen Jahren eine noch rasantere Ent-wicklung als das Internet durchgemacht und sich innerhalb kurzer Zeit im Suchma-schinenmarkt als Marktführer behauptet. Der Name Google wird heutzutage synonym für die Online-Suche genutzt. Global dominiert Google in fast allen Ländern den Suchmaschinenmarkt.[1] Um seinen Marktanteil zu behaupten und weiter auszudehnen, entwickelte Google seit Unternehmensgründung zahlreiche innovative Anwendungen, wie z.B. Google Mail und Google Maps, die neben der Suche weitere Dienstleistungen im Internet abdecken. Des Weiteren bietet Google einen eigenen Internetbrowser mit Namen Chrome und nimmt Beteiligungen an anderen Unternehmen wahr.

In der folgenden Arbeit soll die Entwicklung und Bedeutung von Google beleuchtet werden. Dazu wird zu Beginn in Kapitel 2 auf die Geschichte sowie die allgemeine Funktionsweise von Suchmaschinen eingegangen. Danach wird die Entwicklung der Suchanfragen, die mit Google getätigt wurden, dargestellt sowie die weltweite und re-gionalen Marktanteile aufgezeigt Im Weiteren Verlauf erfolgt in Kapitel 3 ein Einblick auf die Funktionsweise sowie Gründung des Unternehmens Google Inc.. Anschlie-ßend werden einige Produkte und Dienste, die von Google angeboten werden aufge-zeigt. Zuletzt erfolgt ein Fazit dieser Arbeit.

---

[1] Vgl. (Röhle, 2010), S.11 ff.

2 ENTWICKLUNG DER SUCHMASCHINEN

Suchmaschinen gehören zu dem meistbenutzten Internet-Medium für Privat- und Geschäftszwecke und sie sind aus dem Alltag nicht mehr wegzudenken. Seit Entstehung der ersten Technologien zur Informationssuche, wurden immer neue Suchmaschinen entwickelt. Im Folgenden soll die Geschichte der Suchmaschinen näher betrachtet und anschließend die Funktionsweise von Suchmaschinen erläutert werden. Zum Ende des Kapitels erfolgt eine Darstellung, welche Suchmaschine weltweit, in Deutschland und den USA (United States of America) am Häufigsten genutzt wird.

2.1 GESCHICHTE DER SUCHMASCHINEN

Die Geschichte der Suchmaschinen begann ab den 1950er Jahren mit den automatischen Suchverfahren in Datenbanken, die durch den Fachbereich des IR (Information Retrieval) erstellt wurden. In den 1970er Jahren gab es die ersten wirtschaftlichen Systeme namens Orbit, BRS und Dialog. Diese stellten einen elektronischen Zugriff auf Fachzeitschriften-Indizes für Bibliotheken bereit. Im privaten Sektor wurden diese Techniken kaum genutzt. Erst mit der Nutzung des Internets im Privatbereich sind die Suchmaschinen, wie sie heute existieren, entstanden.

Durch die Abspaltung des zivilen Internets und dem Militär mit ARPANet im Jahr 1983, stieg die Anzahl an zugänglichen Hosts und dadurch ebenso die Anzahl an verfügbaren Informationen stark an. Damit wurde die Möglichkeit sich einen Überblick zu verschaffen, ohne die Nutzung automatisierter Methoden nicht mehr möglich. Zur selben Zeit wurden zum Speichern oder zum Abrufen von Inhalten größtenteils Gopher- und FTP (File Transfer Protocol)-Server genutzt. Über dem sog. Gopherspace konnten Textinformationen über vorgegebene Adressen abgerufen werden. Bilder und Hyperlinks gab es, ähnlich wie im WWW (World Wide Web), noch nicht.

Die erste Suchmaschine im Internet wurde im Jahr 1990 erstellt und hieß Archie. Diese war dahingehend eingeschränkt, dass nur die Indexierung von FTP-Servern möglich war. Erst mit der Suchmachine Veronica wurde ab 1993 die Suche über Gopher-Server und in den eigentlichen Inhalten möglich. Im Jahr 1993 wurde der WWW-Standard zum freien Gebrauch veröffentlicht und führte zu einem Anstieg der verfügbaren Inhalte mit diesem Standard. Matthew Gray (Massachusetts Institute of Technology) entwickelte im selben Jahr den ersten Crawler namens The Wanderer. Mit diesem konnten unterschiedliche Seiten im WWW aufgerufen und dessen Inhalte gesichert werden, so dass eine Suche nach Volltexten möglich wurde.[2]

Mit Altavista kam im Jahr 1995 eine Suchmaschine auf den Markt, die im Vergleich zu Anderen, sehr leistungsfähig und einfach in der Bedienung war. Dadurch wurde Altavista schnell zu einem der erfolgreichsten Suchmaschinen im Internet. Bereits nach einem Jahr kannte Altavista über 30 Mio. Internetseiten und Ende 1997 wurden täglich um die 20 Mio. Suchanfragen verarbeitet. Dies führte dazu, dass der Marktanteil von Altavista in kurzer Zeit auf 54 Prozent anstieg. Auf Grund einer Strategie der Gründer, über Bannerwerbung Geld zu verdienen, begann der Niedergang von Altavista.[3] Die Gründung der Suchmaschine Google erfolgte im Jahr 1998. Der ursprüngliche Algorithmus wurde von den Informatik-Doktoranden Sergey Brin und Larry Page an der Universität Stanford programmiert. Zu Beginn gab es kein Geschäftsmodell, wie mit der Suche Gewinne erzielt werden könnte. Im Gegensatz zu anderen Anbietern legte Google anfänglich den Fokus nicht auf die Portalentwicklungen, sondern auf die kontinuierliche Weiterentwicklung der Suchfunktion. Diese Strategie galt zu jener Zeit nicht als Ökonomisch, führte aber zu einer hohen Popularität.[4] Auf die Funktionsweise und Gründung von Google wird in Kapitel 3 näher eingegangen.

2.2 FUNKTIONSWEISE VON SUCHMASCHINEN

Das Primärziel von Suchmaschinen ist das Angebot vielfältiger und interessanter Informationen, auf die einfach zugegriffen werden kann. Bei allen Suchmaschinen erfolgt die Suchabfrage über Stichworte oder Kategorien auf der Website des Anbieters. Dabei erfolgt die Durchsuchung der Suchmaschinen-Datenbank.

Das ständige Sammeln von Dokumenten aus dem Internet erfolgt mit besonderen Browserprogrammen, den sog. Spidern, Searchbots oder Crawlern. Diese Programme übernehmen beim Besuch von Seiten teilweise oder gesamte Seiteninhalten, bereiten diese für die weitere Verwendung auf und speichern diese. Des Weiteren prüft der

---

[2] Vgl. (Röhle, 2010), S. 17 f.
[3] Vgl. (Kaumanns, et al., 2009), S. 14
[4] Vgl. (Röhle, 2010), S. 18 f.

Spider, ob die bereits vorhandenen Dokumente sich verändert haben bzw. noch bestehen. Die Qualität ihrer Daten stellt die Suchmaschine sicher, indem der eigene Da-
tenbestand ständig mit den vorliegenden Daten von Webseiten verglichen wird. Der
Suchmachinenanbieter legt die Häufigkeit dieser Spideraktivitäten anhand verschiede-
ner Kennzeichen fest. Nach der Speicherung der Daten durch den Spider, erfolgt eine
Aufbereitung für die automatisierte Keywortanalyse. Dieser Prozess entfernt aus den
gespeicherten Daten alle irrelevanten Texte, wie z.b. Programmcodes. Der restliche
Teil wird für die weitere Verwendung in ein standardisiertes Datenformat überführt und
beinhaltet damit relevante Informationen über Struktur sowie Format. Nach der Ermitt-
lung und Gewichtung der Keywörter werden diese für das Dokument gesichert und
bilden die Grundlage für die Indexierung.[5]

2.3 MARKTANTEILE

Die häufigsten Suchanfragen werden von zu Hause getätigt und es werden hauptsächlich Suchmaschinen der vier großen Anbieter Microsoft, Yahoo, Google und AOL,
genutzt. User bleiben zumeist bei der Suchmaschine mit der sie begonnen haben und
wechseln eher selten. In den vergangenen Jahren haben sich die Marktanteile der
großen Anbieter ein wenig verändert, aber Google ist, trotz durchgeführter Suchver-
besserungen von Microsoft und Yahoo, International der Marktführer.[6]

Im weltweiten Vergleich, aus dem Jahr 2014, weist Google mit einem Marktanteil von
71 % den höchsten Wert auf. An zweiter Stelle folgt die chinesische Suchmaschine
Baidu mit einem Anteil von 15,6 %. Die Suchmaschinen von Yahoo und Microsoft
(Bing) sind jeweils mit 6,1 % und 5,9 % sehr weit abgeschlagen (s. Abbildung 1).[7]

---

[5] Vgl. (Greifender, 2010), S. 30-34
[6] Vgl. (Battelle, 2006), S. 44 f.
[7] Vgl. (Maier, 2014)

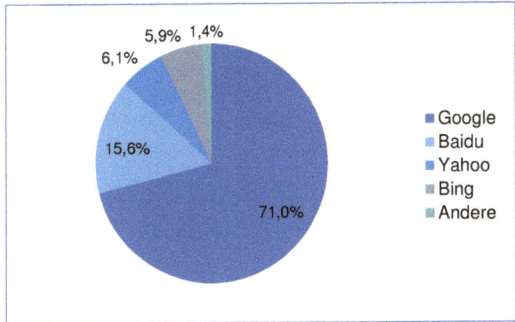

Quelle: Eigene Abbildung nach: *(Maier, 2014)*

Abbildung 1: Suchmaschinen Marktanteile Weltweit 2014

Auch in einem Vergleich zwischen Deutschland und den USA wird deutlich, dass Google den Suchmaschinenmarkt dominiert. In Deutschland lag der Anteil von Google im ersten Quartal 2014 bei 90,5 %. Die Suchmaschine von Microsoft wurde im selben Zeitraum mit einem Anteil von 3,2 % und Yahoo mit nur 1,6 % relativ wenig genutzt.

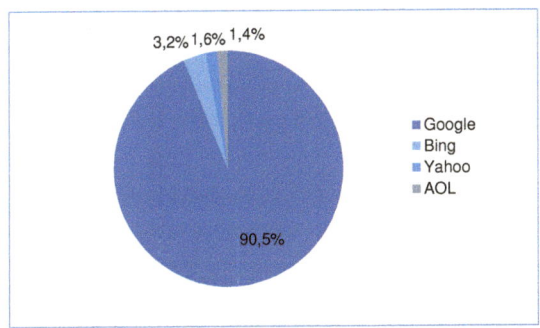

Quelle: Eigene Abbildung nach: *(Rosenbusch, 2014)*

Abbildung 2: Suchmaschinen Marktanteile Deutschland 2014

Auf dem amerikanischen Markt sieht die Dominanz von Google sehr ähnlich aus, allerdings nicht mit einem so hohen Wert wie in Deutschland. So wurde die Suchmaschine von Google im ersten Quartal 2014 zu 66,7 % genutzt. An zweiter Stelle stand die Suchmaschine von Microsoft mit einem Anteil von 18,2 %. Auch Yahoo wies einen höheren Anteil mit 11,2 % als in Deutschland auf. Der Marktanteil von AOL lag immer-

hin noch bei 1,4 % in den USA.[8] In Deutschland hingegen lag der Anteil von AOL Ende des Jahres 2014 bei 0,14 % und wurde damit so gut wie gar nicht genutzt.[9]

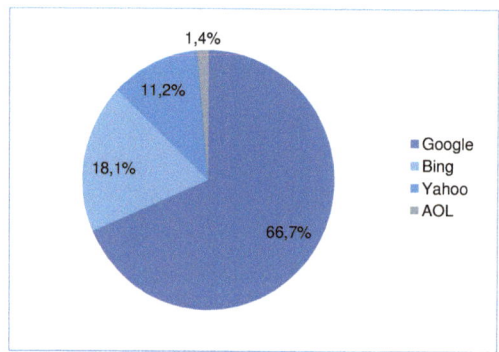

Quelle: Eigene Abbildung: *(Rosenbusch, 2014)*

Abbildung 3: Suchmaschinen Marktanteile USA 2014

Die Devise von Google war immer schon die Globalisierung. Seit dem Jahr 2000 wird
die Suchmaschine in verschiedenen Sprachen angeboten. So existiert diese mittlerer
weile in 136 Sprachen.[10] Trotz der Internationalisierungsstrategie gibt es Länder, in
denen Google nicht an erster Stelle steht. So wird z.B. in Russland die landeseigene
Suchmaschine Yandex am Häufigsten genutzt und war 2014 mit ca. 53 % Marktanteil
wesentlich beliebter als Google mit ca. 34 %.[11] Es wird angenommen, dass Yandex
mit der kyrillischen Schrift und der russischen Sprache besser zu Recht kommt als
Google.[12] In China spielt die Suchmaschine von Google mit 1,65 % Marktanteil in 2014
kaum eine Rolle. Am Häufigsten wird die landeseigene Suchmaschine Baidu genutzt.
Ihr Anteil lag im ersten Quartal 2014 bei 60,47 %.[13] Der niedrige Anteil von Google
lässt sich auf dem Rückzug aus dem chinesischen Markt im Jahr 2010 zurückzuführen.
Die Gründe hierfür liegen u.a. in der staatlichen auferlegten Zensur.[14]

---

[8] Vgl. (Rosenbusch, 2014)
[9] Vgl. (SEO-united.de)
[10] Vgl. (Krys, et al., 2011), S. 258
[11] Vgl. (Rosenbusch, 2014)
[12] Vgl. (Hallberg, 2013)
[13] Vgl. (Rosenbusch, 2014)
[14] Vgl. (Hallberg, 2013)

3 ENTWICKLUNG UND BEDEUTUNG VON GOOGLE

Wie in Kapitel 2 aufgezeigt wurde, dominiert Google den Suchmaschinenmarkt weltweit, insbesondere in Deutschland und den USA.

In diesem Kapitel sollen die Suchmaschine und das Unternehmen Google Inc. beleuchtet werden. Dazu wird in Kapitel 3.1 aufgezeigt, was das Besondere an Google`s Suchalgorithmus und wie das Unternehmen hinsichtlich der Hard- und Software aufgestellt ist. Anschließend erfolgt in Kapitel 3.2 eine Unternehmensbetrachtung. Dazu wird als Erstes auf die Gründung der Google Inc. eingegangen. Anschließend erfolgt ein Einblick in das Finanzierungsmodell und es wird aufgezeigt welche Dienste Google neben der eigentliche Suche noch anbietet.

3.1 INFORMATIONSTECHNOLOGIE VON GOOGLE

Der Programmcode des Suchalgorithmus ist das bestgehütete Geheimnis eines jeden Suchmaschinenanbieters, ebenso wie die Aufstellung seiner Hard- und Software.

Die Funktionsweise des Suchalgorithmus von Google wird im Folgenden dargestellt. Anschließend wird aufgezeigt, wie die Rechenzentren aufgestellt sind und welche Softwareprogramme grundlegend genutzt werden.

3.1.1 Suchalgorithmus

Die Basistechnologie von Google ist ein Suchalgorithmus mit Namen PageRank. Dieses war die erste Suchmaschine, die neben der Suche nach Texten und Worten, auch nach gegenseitigen Empfehlungen von anderen Internetseiten suchen konnte. Die Grundlage der Suchlogik von Google bildet der Hyperlink, der die bedeutendste Innovation im Bereich des Internets ist. Hyperlinks sind ein typischer Bestandteil des Internets und verknüpfen Internetseiten sowie anderen Dokumente miteinander.[15]

Das Verfahren von PageRank nimmt eine Bewertung der Verweise von externen Seiten zu einer Internetseite vor. Ähnlich wie bei wissenschaftlichen Texten, die bedeutsamer werden, je öfter daraus Zitiert wird, sind Seiten mit vielen Verlinkungen wichti-

---

[15] Vgl. (Kaumanns, et al., 2009), S. 51 f.

ger als Seiten auf denen nur wenige Hyperlinks verweisen.[16] PageRank zählt diese Anzahl an Verlinkungen, die sog. Backlinks. Jedem indexierten Dokument wird dann ein statischer Wert zwischen 0 und 10 zugeordnet. Der Wert soll aufzeigen, wie hoch die Wahrscheinlichkeit ist, dass ein Nutzer auf diese Internetseite kommt. Weltweit besitzen etwa zwei Drittel aller Internetseiten einen Wert von 0 und etwa eine Handvoll den höchsten Wert mit 10. Der PageRank einer Internetseite wird also aus den Werten von anderen Seiten, die auf diese verweisen, gebildet. Nicht jede einzelne Seite verteilt ihren eigenen Wert, sondern gibt ihren Wert an Seiten weiter, auf die sie verlinkt. So erhält jede Seite ihren eigenen Wert dividiert durch die Zahl ihrer abgehenden Links. Damit werden Seiten mit einer hohen und einer niedrigen Anzahl an ausgehenden Links ausgeglichen.

Eine große Herausforderung für das PageRank-Verfahren liegt in der Berücksichtigung der hohen Anzahl an Hyperlinks. Wie bereits erwähnt, erhält jede Seite einen berechneten statischen Wert, der der jeweiligen Seite fest zugeordnet bleibt. Demnach erfolgt keine erneute Berechnung, wenn eine Suchanfrage durchgeführt wird, wodurch keine weitere Rechenzeit benötigt wird. Ein Nachteil des statischen Wertes ist jedoch, dass Seiten die populär sind, in der Suche bevorzugt werden, egal ob diese für die Anfrage von Bedeutung sind. Des Weiteren nimmt das PageRank-Verfahren nur Bezug auf die einzelne Internetseite und nicht auf das gesamte Webangebot. Um diesem Problem entgegen zu wirken, nutzt Google ein Reranking-Verfahren. Dieses ermittelt die Qualität der ermittelten Dokumente bezüglich der Suchanfrage und sortiert die vorhandene Ergebnisliste neu. Text-Matching-Technologien sind neben dem PageRank-Verfahren ebenfalls von großer Bedeutung. Durch das Text-Matching wird der Inhalt des Umfeldes von Suchwörtern ermittelt und dies fließt indirekt mit in den Suchalgorithmus ein. Um die Qualität der Ergebnisse weiter zu erhöhen, wird der Suchalgorithmus bei Google fortlaufend weiterentwickelt. So wurde der Algorithmus im Jahr 2007 rund 450-mal verändert. Experten vermuten, dass der Suchalgorithmus aus 200 verschiedenen Variablen besteht.[17]

---

[16] Vgl. (Reppesgaard, 2010), S. 78
[17] Vgl. (Kaumanns, et al., 2009), S. 53-56

3.1.2 Rechenzentren

Die Rechenzentren von Google bilden das physische Rückgrat und gehören zu den bestgehüteten Geheimnissen des Unternehmens. Die genauen Rechenleistungen sowie die Investitionen, die Google jedes in den Ausbau einbringt, kennt niemand genau. Doch Analysten schätzen anhand der Bilanz, dass für den Ausbau und Aufbau der Rechenzentren im Jahr 2006 ca. 1,9 Mrd. Dollar und im darauffolgenden Jahr ca. 2,4 Mrd. Dollar investiert wurden. Die Rechenzentren werden an mindestens vierzig Standorten betrieben, wobei auch Standorte außerhalb der USA genutzt werden. Google setzt für die Server bereits seit seinen Anfängen nur auf Standardkomponenten statt auf Großrechnern. Dadurch können die Server so zusammen gestellt werden, dass ein optimales Zusammenspiel zwischen Software, Rechenleistung und Performance entsteht, dem sog. Googleware.

Durch den stetigen Ausbau der Serveranzahl, besitzt Google heutzutage über die weltweit größte und private Rechenkapazität. Die Ausfallsicherheit ist, trotz der großen Dimensionen, im Rechnernetzwerk sowie der Cluster sehr hoch und soll, laut Google, bei 99,9 % liegen. Es wird allerdings vermutet, dass täglich zwei Rechner in den großen Clustern ausfallen. Da aber viele Redundanzen im System bestehen, kann ein Ausfall sehr schnell kompensiert werden. Eine weitere Ausfallsicherheit besteht hinsichtlich eines Stromausfalls. Mit der sog. UPS (Uninterruptible Power Supply)-Technologie werden Batterieeinheiten, die einzeln aufgebaut sind, als Bestandteil des Servers integriert. Hierdurch werden die Batterien innerhalb des Systems verteilt und bilden dadurch ein ausfallsicheres System.

Bei den Speichermedien nutzt Google ebenfalls keine hochpreisigen Archivierungslösungen, sondern günstige Festplatten, die es im Handel gibt. Da solche Festplatten nicht sehr zuverlässig sind, wurde ein eigenes Datenmanagementsystem erstellt. Mit diesem wird über das Rechnernetzwerk auf Daten zugegriffen und eine automatisierte Speicherung von Daten durchgeführt. Die Infrastruktur bildet die notwendige Grundlage, um den immer steigenden Anforderungen an die Suche gerecht zu werden. So werden neben dem Suchalgorithmus und den Rechenzentren, Softwarelösungen benötigt, um insbesondere die Skalierung immer weiter erhöhen zu können.[18]

3.1.3 Software

Um den Problemen mit der fehleranfälligen Infrastruktur und den einkalkulierten Ausfällen der Server entgegen zu wirken, werden innovative Komponenten benötigt. Diese Komponenten werden als sog. Software Stack bezeichnet und sind eine geheime Software-Sammlung von Google. Da neben der Suche viele Produkte eingeführt wurden, die ebenfalls auf den vielen Servern laufen, wird eine Übersicht notwendig, mit der die aktuelle Situation im System überwacht werden kann. Damit Probleme im System nicht die Produktebene erreichen, bilden drei Softwareprogramme eine Zwischenschicht, die sog. GFS (Google File System), MapReduce und BigTable.

Bei dem GFS handelt es sich um ein Datenmanagementsystem, welches den Zugriff sowie die Speicherung von Daten auf mehreren Servern ermöglicht. Dabei wird jede Datei weltweit mindestens dreimal gespeichert, so dass bei einem Serverausfall, die Datei zeitnah von einem anderen Server zur Verfügung gestellt werden kann. Des Weiteren werden durch einen Ausfall verlorengegangene Daten automatisiert auf andere Server kopiert, so dass ein kompletter Verlust nicht eintritt. GFS ist also für die Verbreitung und Speicherung der Daten zuständig.

Mit MapReduce wird eine Einzelaufgabe in mehrere Aufgaben aufgesplittert und dann parallel auf den verfügbaren Rechnern verarbeitet. Die Ergebnisse aus den Einzelaufgaben werden nach der Verarbeitung wieder zu einem Gesamtergebnis zusammen gepackt. Wenn ein Rechner eine einzelne Aufgabe nicht übernehmen kann, übernimmt sofort ein anderer Rechner diese Aufgabe. Damit ist MapReduce sehr Widerstandsfähig.

Das dritte Software-Programm im Software Stack ist BigTable. Mit BigTable werden Daten längerfristig gespeichert. Dieses ist ein, auf hunderttausenden Servern, verteiltes Datenbanksystem, welches von Google selbst entwickelt wurde und riesige Mengen an strukturierten Daten verwaltet. Durch die Eigenentwicklung kann diese Software ohne Probleme verbessert oder ergänzt werden. Dadurch das BigTable auf der

---

[18] Vgl. (Kaumanns, et al., 2009), S. 68-76

Software GFS aufbaut, können Rechner im laufenden Betrieb problemlos eingefügt oder entfernt werden.[19]

3.2 GRÜNDUNG UND GESCHÄFTSMODELL

In diesem Kapitel soll die Gründungsgeschichte von Google vorgestellt werden. Danach erfolgt ein Einblick in das Geschäftsmodell, insbesondere wie die Finanzierung des Unternehmens erfolgt. Anschließend werden Produkte und Dienste des Unternehmens sowie Beispiele von Übernahmen anderer Unternehmen aufgezeigt.

3.2.1 Gründung von Google

Die Geschichte von Google begann im Jahr 1996 an der Universität Stanford, wo die Doktoranden Larry Page und Sergej Brin eine Suchmaschine mit namens BackRub entwickelten. Sie stellten zeitnah fest, dass BackRub bessere Suchergebnisse lieferte als die traditionellen Suchmaschinen wie AltaVista. Beide Doktoranden wußten, dass die Suchmaschine umso besser funktionieren wird, je größer das Internet werden würde. Im Jahr 1996 gaben Larry Page und Sergej Brin ihrer Suchmaschine den Namen Google und veröffentlichten die erste Version auf der Internetseite von Stanford. Der Name von Google stammt aus dem Amerikanischen, wo eine 1 mit 100 Nullen als „googol" bezeichnet wird. Auf dem Stanford-Campus verbreitete sich Google zügig und war schnell ein Hit.[20] Bereits zum Jahresende 1998 wurden täglich über 10.000 Suchanfragen durch Google verarbeitet.

Dabei wurden Larry Page und Sergej Brin bewusst, dass die Computerausrüstungen in Zukunft nicht ausreichen würden und kamen zum Schluss, dass nur eine Unternehmensgründung sinnvoll wäre. Sie nahmen Kontakt zu Andy Bechtolsheim, der sich mit Investitionen in junge Unternehmen beschäftigte, auf. Dieser stellte den Beiden ein Startkapital in Höhe von 100.000 Dollar zur Verfügung und am 7. September 1998 wurde die Google Inc. gegründet. Mit dem immer weiter steigendem Wachstum des Unternehmens, stieg auch der Ruf von Google. Im Jahr 1999 war der Internetboom im vollen Gange und so war die Nachfrage nach Google durch Investoren groß. Dadurch konnten sich Larry Page und Sergej Brin die Investoren auswählen und entschieden

---

[19] Vgl. (Kaumanns, et al., 2009), S. 76-80
[20] Vgl. (Battelle, 2006), S. 91-97

sich für zwei Unternehmen, Sequoia Capital und Kleiner Perkins Caulfield & Byers, die 25 Mio. Dollar beisteuerten. Damit konnte sich Google im Silicon Valley etablieren.[21]

3.2.2 Finanzierungsmodell

Eine technische Überlegenheit und zufriedene Nutzer der Suchmaschine reichen für einen ökonomischen Erfolg allerdings nicht aus. Daher hat Google ein Modell entwickelt, mit dem Erträge erzielt werden können und das bis heute einen großen Teil der Umsätze bzw. Gewinne ausmacht.

Online-Werbung macht dabei den Kern aus. Allerdings nutzten Larry Page und Sergej Brin diese nicht wie die meisten Konkurrenten als Pop-Ups oder als Banner, sondern setzten auf eine nicht-aufdringliche Werbung.

3.2.2.1 AdWords und AdSense

Mit AdWords startete Google im Jahr 2000 ein Programm für Online-Werbung, mit dem Anzeigetexte mit Keywörtern verknüpft werden. Sucht ein Nutzer nach diesen Keywörtern, erscheint auf der rechten Seite, neben der Ergebnisliste, der Anzeigetext als gesponserte Verlinkung. Google bietet damit Anzeigekunden eine Möglichkeit, Werbung zielgerichtet und passgenau zu präsentieren. Das Modell von AdWords ist dabei so flexibel, dass Anzeigen mit regionalem Bezug inseriert werden können. Des Weiteren müssen keine Mindestausgaben erreicht werden sowie keine Mindestlaufzeit für Anzeigen genutzt werden. So kann jeder Inserent sein eigenes Budget festlegen. Die Abrechnung erfolgt nach dem Prinzip „Preis pro Click", d.h. wenn ein Nutzer auf eine Anzeige klickt, muss dieser Kunde an Google zahlen. Weiterhin bietet Google seinen Kunden verschiedene Tools an, mit denen die Zugriffe auf die Anzeigen detailliert gemessen und so ggf. Verbesserungsmaßnahmen aufgedeckt werden können. Daneben berät Google Großkunden bei der Auswahl der Keywörter und unterstützt bei dem Aufbau der Anzeige. An seinem Grundprinzip, dass Werbung nicht aufdringlich sein soll, hält Google fest. Durch die Trennung von Ergebnistreffern und Anzeigen bleibt die Zuverlässigkeit der Suchergebnisse bestehen.

Das zweite wichtige Programm zur Online-Werbung ist das sog. AdSense, welches Google im Jahr 2003 gestartet hat. Auf Grundlage des Suchalgorithmus ermittelt

---

[21] Vgl. (Battelle, 2006), S. 105-111

AdSense die Inhalte einer Internetseite und schaltet automatisch hierfür relevante Anzeigetexte. Der Vorteil für Inserenten liegt darin, dass ihre Anzeigen eine höhere Reichweite im Internet erreichen. Internetseiten-Betreiber können mit AdSense ebenfalls Erlöse generieren, indem sie die Anzeige auf ihrer Seite erlauben. Die Höhe der Erlöse richtet sich dabei nach der Anzahl der Klicks auf die Anzeigen und die Anzahl der Seitenaufrufe. Bevor ein Publisher eine Werbefläche für das AdSense-Programm zu Verfügung stellt, muss dieser Google mitteilen an welcher Stelle und in welchem Format dies erfolgen soll. Daraufhin versteigert Google die Werbefläche in einem Echtzeitprozess an die Anzeigekunden. Weiterhin bietet Google den Publishern den Service von Protokollen über die Anzahl der Websitebesuche und Klicks auf den Anzeigen.[22]

Ein direkter Vergleich zwischen den Unternehmensumsätzen und den Umsätzen aus Werbeanzeigen, die durch AdWords und AdSense generiert werden, zeigt, dass fast der gesamte Umsatz durch diese eingenommen wird. So lag der gesamte weltweite Umsatz in Jahr 2013 bei 59,83 Mrd. Dollar, wobei 50,58 Mrd. Dollar auf Anzeigeeinnahmen zurückzuführen sind.

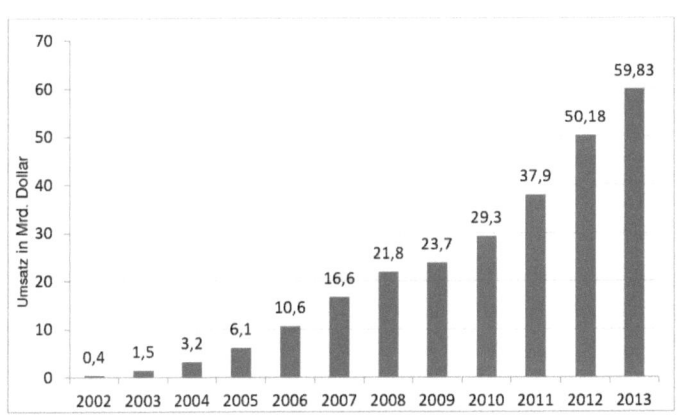

Quelle: Eigene Abbildung nach: *(Statista_a, 2015)*

Abbildung 4: Umsatz Weltweit in den Jahren 2002 bis 2013 in Mrd. Dollar

---

[22] Vgl. (Krys, et al., 2011), S. 255-257

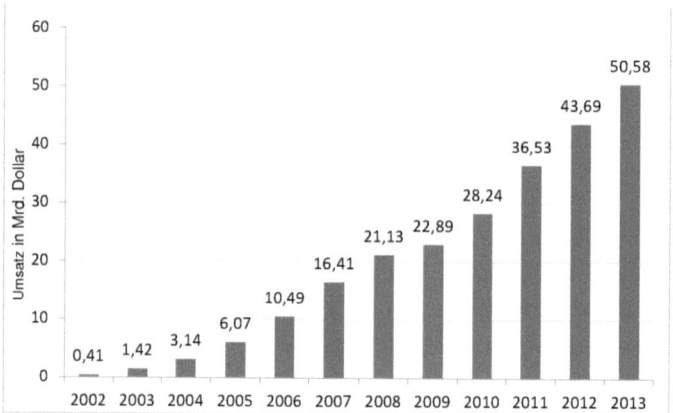

Quelle: Eigene Abbildung von: *(Statista_b, 2015)*

Abbildung 5: Umsatz aus Werbung von 2002 bis 2013 in Mrd. Dollar

Die Umsatzentwicklungen zeigen, dass Google seit Bestehen der Suchmaschine über hohe finanzielle Mittel verfügt und diese durch die Einnahmen aus dem Anzeigege-schäft immer weiter steigen.

3.2.2.2 Börsengang

Der Gang an die Börse im Jahr 2004 wurde in erste Linie nicht durchgeführt, um fri-sches Kapital zu erhalten. Durch die AdWare- und AdSense-Modelle war finanziell der Erfolg sichergestellt. Der Börsengang war für die Risikokapitalgeber Sequoia Capital und Kleiner Perkins die Ausstiegsstrategie aus deren Beteiligung an der Google Inc.. Damit die Eigenständigkeit des Unternehmens ins Zukunft gesichert ist und um wei-terhin über die strategische Entwicklung zu entscheiden, haben Larry Page und Sergej Brin die Aktien in zwei Kategorien aufgeteilt, die sog. A- und B-Aktien. Der Wert der beiden Aktien ist gleich, allerdings haben B-Aktien die zehnfache Anzahl an Stimmen. Diese B-Aktien dürfen ausschließlich von den Gründern gehalten werden und machen diese damit zu den größten Anteilseignern. Werden die Stimmrechte des CEO (Chief Executive Officer) und der anderen Top-Manager von Google hinzugezählt, liegt der Anteil bei 61 %. Dadurch ist garantiert, dass kein Finanzinvestor von Extern über die Entwicklung des Unternehmens bestimmen kann. Der größte Teil der Aktien wurde dabei über ein Online-gestütztes Auktionsverfahren ausgeteilt. Am 19. August 2004 erfolgte der tatsächliche Börsengang an die Technologiebörse NASDAQ. Aus den Aktienverkäufen gingen ca. 1,7 Mrd. Dollar an das Unternehmen. Das Aktienpaket, welches die Gründer und das Top-Management vorhielten, belief sich auf ca. 23 Mrd. Dollar. Durch diese hohe finanzielle Grundlage konnte Google sein Geschäftsmodell weiterentwickeln und in neue Marktsegmente vordringen.[23]

3.2.3 Leistungsspektrum und Akquisitionen

Neben der einfachen Suche hat Google in den letzten Jahren sein Produktportfolio um weitere Angebote erweitert. Des Weiteren übernimmt Google Unternehmen aus anderen Geschäftsfeldern, um seine Produktpallete zu ergänzen.

3.2.3.1 Produkte und Dienste

Seit 2004 wurde Google Mail oder auch Gmail genannt, als kostenloser Email-Dienst gestartet. Ebenfalls im Jahr 2004 ist Google Print, welches später in Google Book Search umbenannt wurde, produktiv gegangen. Mit diesem Dienst stellt Google digitalisierte Bücher für die Volltextsuche zur Verfügung. Mit Google Maps kam 2005 ein Dienst auf dem Markt, mit dem Luftbilder und reine Karten betrachtet werden können. Des Weiteren kann für viele Länder der Service eines Routenplaners genutzt werden. Im selben Jahr wurde das kostenlose Programm Google Earth gestartet. Durch die Kombination aus Luft-, Satelliten-Bildern und geographische Daten wird ein virtueller Globus für eine digitale Weltreise angeboten. Neben diesen Online-Produkten existieren viele Weitere. Mit Google Chrome trat Google im Jahr 2008 in den Browser-Markt ein. Als Vorteile nennt Google eine hohe Geschwindigkeit und Stabilität. Trotzdem konnte sich Google Chrome gegen die Marktführer, dem Mozilla Firefox und dem Internet Explorer, noch nicht behaupten.

Um Mittel- und Langfristig, neben der reine Suche und den Onlineanzeigen, weitere Einnahmen zu generieren, wurde im Jahr 2002 das Search Appliances eingeführt. Mit diesem Dienst werden Internetseiten-Betreiber beim Anzeigegeschäft unterstützt. Angeboten wird z.B. Google Places, Analytics oder Google Site Search. Des Weiteren hat Google den Bereich Business Solutions gestartet, welches sich auf die Optimierung von Prozessen in Unternehmen konzentriert. Neben den Unternehmen gehören auch Bildungseinrichtungen und Behörden zu dessen Zielgruppe. Das Programm

---

[23] Vgl. (Krys, et al., 2011), S. 257 f.

Google Apps bietet, neben Programmen wie z.b. Google Mail und Google Kalender, das Prinzip des Cloud Computing an, worauf auch Google bei der eigene IT(Informationstechnologie) setzt.[24]

3.2.3.2 Akquisitionen

Akquisitionen sind ein fester Bestandteil, um neue Geschäftsfelder und neue Technologien zu erschließen bzw. zu entwickeln. Google besitzt dabei genug finanzielle Mittel, um zu bestimmen, welche Unternehmen übernommen werden sollen. Zu den bisher interessantesten Übernahmen gehören YouTube, DoubleClick und Nest.

Mit einem Preis in Höhe von 3,1 Mrd. Dollar, konnte Google Anfang 2008 das Unternehmen DoubleClick übernehmen und sich gegen die Mitbieter wie Microsoft und Yahoo durchsetzen. Zu den besonderen Stärken von DoubleClick gehören der Einsatz von Tracking-Cookies sowie die Nutzung von Pop-Ups und Banner. Von diesen Stärken will Google profitieren und sein Segment der grafischen Onlinewerbung erweitern.

YouTube ist ein Videoportal, welches 2005 gegründet wurde. Auf dieser Plattform können User selbst erstellte Videos veröffentlichen. Mit der Übernahme Ende 2006 für 1,65 Mrd. Dollar erweiterte Google sein Portfolio und erhält dadurch eine potenzielle Möglichkeit Werbung über Videoanzeigen zu schalten.[25]

Anfang 2014 übernahm Google das Unternehmen Nest, ein Hersteller von digitalen Thermostaten und Rauchmeldern, für 3,2 Mrd. Dollar. Vor wenigen Jahren wäre eine solche Übernahme undenkbar gewesen und zeigt, dass sich die digitale Vernetzung in Richtung der klassischen Industrie ausdehnt. Google erweitert dadurch sein Geschäftsfeld und eröffnet neue Perspektiven sowie Potenziale.[26]

---

[24] Vgl. (Krys, et al., 2011), S. 258-262
[25] Vgl. (Krys, et al., 2011), S. 262 f.
[26] Vgl. (Iansiti, et al., 2015)

4 FAZIT

Ohne Suchmaschinen und damit der Möglichkeit einer Volltextsuche kann das WWW heutzutage nicht bewältigt werden. Es existieren internationale und lokale Suchmaschinenanbieter. International dominiert dabei Google den Suchmaschinenmarkt und ist auch in fast allen Ländern der Marktführer. Es existieren nur wenige Ausnahmen, wie China oder Russland, wo lokale Suchmaschinen häufiger genutzt werden als Google.

Google hat sich eine enorme IT-Landschaft aufgebaut, mit Rechenzentren, die weltweit das größte private Netzwerk bilden. Mit dem sehr umfangreichen und komplexen Suchalgorithmus sowie selbstentwickelter Software, schafft es Google eine leistungsfähige Suchmaschine sowie weitere umfangreiche Produkte und Dienste anzubieten.

Seine Umsätze generiert Google hauptsächlich aus Einnahmen durch Online-Werbung und erzielt damit seit Beginn an hohe Umsätze, die jedes Jahr weiter stark gestiegen sind. Der Börsengang wurde im Jahr 2004 zwar vollzogen, aber nicht aus finanziellen sondern in erster Linie aus strategischen Gründen.

Google hat in den letzten Jahren sein Leistungsspektrum erweitert, um sich in weiteren Marktsegmenten zu etablieren und nutzt dazu auch Akquisitionen. Dabei werden nicht nur Unternehmen aus dem Online-Bereich übernommen, sondern auch Unternehmen aus der Industrie. Damit ergeben sich für Google in Zukunft neue Perspektiven sowie Potenziale.

Das Wort „google" hat sich zum Synonym für die Suche etabliert und ist aus dem täglichen Wortschatz nicht mehr wegzudenken. Insgesamt kann festgehalten werden, dass Google, sich in der kurzen Unternehmensgeschichte, zu einem der bekanntesten und erfolgreichsten Unternehmen entwickelt hat.

5 LITERATURVERZEICHNIS

Battelle, John. 2006. *Die Suche.* Kulmbach : Börsenmedien AG, 2006. 3938350113.

Greifender, Horst. 2010. *Erfolgreiches Suchmaschinen-Marketing.* Wiesbaden : Gabler Verlag, 2010. Bd. 2. 978-3834918024.

Hallberg, Elisa. 2013. Andere Länder andere Sitten: Google herrscht nicht überall. [Online] 14. November 2013. [Zitat vom: 4. Januar 2015.] http://www.internetwarriors.de/blog/andere-laender-andere-sitten-google-herrscht-nicht-ueberall.html.

Iansiti, Marco und Lakhani, Karim R. 2015. Was den Wert von Nest ausmacht. [Online] 12. Januar 2015. [Zitat vom: 15. Januar 2015.] http://www.harvardbusinessmanager.de/blogs/internet-4-0-was-fuer-google-den-wert-von-nest-ausmacht-a-1012129.html.

Kaumanns, Ralf und Siegenheim, Veit. 2009. *Die Google-Ökonomie.* Düsseldorf : Books on Demand GmbH, 2009. Bd. 1. 978-3839130612.

Krys, Christian und Wiedemann, Andrea. 2011. Google: „In Zukunft vergessen Sie nichts - weil der Computer sich alles merkt". [Buchverf.] Thomas Bieger, Dodo zu Knyphausen-Aufseß und Christian Krys. *Innovative Geschäftsmodelle.* Heidelberg : Springer-Verlag, 2011, S. 251-275.

Maier, Lila. 2014. Suchmaschinen Marktanteile weltweit 2014. [Online] 2. Dezember 2014. [Zitat vom: 13. Januar 2015.] http://www.luna-park.de/blog/9907-suchmaschinen-marktanteile-weltweit-2014/.

Reppesgaard, Lars. 2010. *Das Google-Imperium.* Hamburg : Murmann Verlag GmbH, 2010. Bd. 2. 978-3867741125.

Röhle, Theo. 2010. *Der Google-Komplex.* Bielefeld : transcript Verlag, 2010. 978-3837614787.

Rosenbusch, Felix. 2014. Suchmaschinen Marktanteile Q1 2014. [Online] 15. Januar 2014. [Zitat vom: 13. Januar 2015.] http://www.komdat.com/blog/suchmaschinen-marktanteile-q1-2014.

SEO-united.de. Suchmaschinenverteilung in Deutschland. [Online] [Zitat vom: 3. Januar 2015.] http://www.seo-united.de/suchmaschinen.html.

Statista_a. 2015. Umsatz von Google weltweit in den Jahren 2002 bis 2013 (in Milliarden US-Dollar). [Online] 2015. [Zitat vom: 13. Januar 2015.] http://de.statista.com/statistik/daten/studie/74364/umfrage/umsatz-von-google-seit-2002/.

Statista_b. 2015. Höhe der Werbeumsätze von Google von 2001 bis 2013 (in Milliarden US-Dollar). [Online] 2015. [Zitat vom: 13. Januar 2015.] http://de.statista.com/statistik/daten/studie/75188/umfrage/werbeumsatz-von-google-seit-2001/.